AF356577

APPERÇU

D'UN RIGORISTE

SUR LA

CARTONOMANCIE

ET SUR SON AUTEUR.

JE n'ai point voulu parler ni pour ni contre la Cartonomancie, ni sur son Auteur (*a*), que je n'aye été passablement instruit si cet Art, soit qu'il fût de ce siecle ou de toute antiquité, avoit des Principes; & l'Auteur, le talent qu'on lui prête, non-seulement dans

---

(*a*) M. ETTEILLA, *Professeur d'Algèbre, rue de l'Oseille au Marais, attenant celle de S. Louis, n°. 48.*

A

cette Capitale , mais encore, comme on l'affûre, dans toute l'Europe.

La Cartonomancie , c'eft une vérité facile à démontrer, n'eft pas fans principes, en ce qu'elle offre ou repréfente la chaîne des évenemens de la vie ; mais fi l'Auteur veut que ces mêmes principes foient auffi ceux de la divination , je foutiens cela impoffible , parce qu'un tableau fait exprès , ou produit au hazard , ne peut pas annoncer les évenemens qui arriveront à la perfonne pour qui les Cartes ont été tirées.... ce qui ne lui ôte pas le mérite des principes de la Cartonomancie , qu'il a copiés , traduits , ou imaginés , en ce que cet Art démontre fenfible- ment de quelle maniere les évené- mens de la vie peuvent fe lier , &c; mais lui ôte abfolument la prétention de dire que ces mêmes principes foient propres à la divination.

Ces principes , quel qu'en foit l'Au- teur , font fi bien raifonnés & fi par- faitement ajuftés pour répondre à tout

(5)

ce qui est & même pourroit être, qu'il
y auroit défaut de connoissance si on
les contredisoit, & ignorance d'en vouloir composer d'autres : on saura pourquoi, dans la quatrieme édition de sa
maniere de tirer les Cartes.

Outre les leçons que j'ai prises de
l'Auteur, voulant essayer de son art
propre, c'est-à-dire, lui ayant donné
vingt-quatre livres pour que, suivant
sa coutume, il fût mon devin pour
un an (*b*), je puis assurer qu'il m'a
étonné, non-seulement par ce qu'il m'a
dit du passé & du présent, mais de ce
qui est arrivé à jour marqué deux mois
après, quoique bien éloigné de pouvoir être su ni même prévu.

Est-ce Science ? est-ce Art ? je l'i-

____

(*b*) *Ce sentiment d'Etteilla n'est re-*
latif qu'à ceux qui sont trop gênés
pour lui donner 3 ou 6 livres toutes les
fois que quelque nouveau sujet de cha-
grin veut leur avenir dans l'année.

gnore ; mais je ne puis pas me figurer que la Cartonomancie ait un rapport avec moi en tant que Divination.

Etteilla eût pu échouer dans ses pronostics, ce dont il a la *modestie* de ne pas convenir ; mais il a voulu, m'a-t-il dit, pronostiquer juste, & il a réussi : donc, tout Rigoriste que je suis, je lui dois la vérité ; & cela d'autant plus qu'il affirme ne connoître de divination que dans une Science *toute simple & toute naturelle*, mettant chacun à portée d'être aussi étonnant que lui. Mais laissons pour un instant de côté la divination, que je n'ai jamais cru pouvoir être en la puissance de l'homme.

J'ai appris, d'après les ouvrages de l'Auteur, à tirer les cartes ; & pour me rendre certain que je les savois tirer, j'ai voulu être l'un de ses disciples.

En six leçons, *à* 3 *liv. chacune*, je suis devenu, de l'avis même de mon Maître, aussi habile que lui ; mais en revanche

plus obstiné à ne pas croire la divination
une Science humaine.

Prenez, m'a-t-il dit, quelques leçons Théoriques (c) *à 3 livres chacune*; (tout se vend à Paris) elles
ne m'ont pas plus persuadé qu'il étoit
des Devins, mais elles m'ont cependant forcé de convenir que cela étoit
possible.

*Rien de plus épineux que de cher-
cher la vérité, lorsque l'on est peut-être
trop en garde contre le mensonge.*

Malgré toutes les raisons que s'ef-
force d'apporter *Etteilla*, dans ses ouvrages, pour démontrer que les hommes
peuvent deviner par une Science toute
naturelle, j'avoue que je persiste encore
dans mon incrédulité; & cependant,

____

(c) *Celles-ci me plaisent infiniment.
Scot ne fut jamais plus subtil que n'est
ici Etteilla. Elles sont manuscrites; je
les lis chez moi, & j'ai de la satisfac-
tion à les copier.*

fans m'avoir jamais vû ni connu, mais feulement en lui faifant paffer les quatre objets qu'il demande, il m'a dit ce que j'ai fait, ce que je fais, & ce que je prétends faire.

Ces quatre objets affurément ne peuvent pourtant pas le lui avoir dit.

1°. Le jour de ma naiffance; le 25 Avril 1745.

2°. Les premieres lettres des noms que m'ont donnés mon parrain ou ma marraine ; Louis-Jean-Baptifte. *L. J. Baptifte* étant un attribut.

3°. Le nombre que j'aime ; 27.

Et enfin 4°. la couleur pour laquelle j'ai le plus de goût ; le bleu.

Je ne dis pas que ces quatre queftions ne foient un point d'appui, comme il le dit dans fa *Philofophie des hautes Sciences*, (1 liv. 10 fols,) qui vient de paroître, & dans lequel ouvrage il développe tous les myfteres de fon Art ; (Ouvrage vraiment neuf, au-delà de la Science ordinaire, & auquel il ne manque que du ftyle) mais il faut en savoir tirer parti, si toutefois cela sert à quelque chose ; cependant il paroît le démontrer d'une maniere irréfutable.

Cet ouvrage écrit littéralement fourmille d'opérations naturelles, magiques & cabalistiques à la portée de tout le monde ; toutes ces opérations réussissent au point, qu'à l'étonnement succéde la question de savoir si à la simple opération il n'y a pas autre chose de voilee : je n'en sais rien, dirai-je ; mais je ne le crois pas.

Ces opérations sont toutes simples ; les deux premieres régles, l'addition & la soustraction, & une simple équation, sont les plus difficiles ; & néanmoins on développe toute la magie des peuples primitifs.

La Science des Nombres.
La haute Astrologie.
La Philosophie-Hermétique.
La Physionomie.
La Science des Génies.
La Fabrique des Talismans.
Et l'Interprétation des songes.

A iv

Tout le véritable esprit de ces sciences est développé dans cette *Clef donnée
aux Enfans de l'Art de la Science & de
la sagesse*, ou *Philosophie des hautes
Sciences*.

En lisant cet ouvrage écrit sans fard
& sans voile, il me semble voir un
homme sur le retour de ses ans, ne pas
attendre le moment de son trépas pour
faire du bien à ses héritiers.

Comme Rigoriste, seroit-il dans
l'ordre de chercher à donner du louche
à l'Auteur & à ses ouvrages s'il n'y en a
pas ? Dans ce cas, ce seroit jouer le rôle
de pédant, & vouloir le mal pour le mal.

L'Auteur est un homme sédentaire,
composant ses ouvrages & tenant tout
à la fois une conversation abstraite ;
ayant plutôt les alentours d'un homme
tolérant que d'un cinique ; jugeant,
décidant, conseillant juste, maniant le
cœur humain, le développant avec une
perspicacité au dessus de l'attente ; enfin
je ne crains point de le dire, né pour
être heureux & l'étant effectivement,

dans un cercle où mille autres se croi-
roient accablés d'infortunes.

Ce n'est pourtant pas un bonheur
réel que d'être le confident intime des
chagrins des autres : ou il faut être
insensible, ou être certain que l'on
conseille assez juste pour les faire cesser.

Si *Etteilla* fait entendre ce qu'il
conçoit à l'aide de son crayon, de son
compas, de sa régle, enfin de quelques
figures Géométriques, en revanche sa
plume ne le sert pas si à propos ; point
d'ordre, point de patience pour expri-
mer ses pensées, point de Gram-
maire, il ne met pas même quatre mots
d'orthographe.

Il loue beaucoup toutes ses choses,
& affecte de ne pas vouloir s'y assujet-
tir ; ou peut-être en le voulant, ne le
peut-il pas ; l'amour-propre ne respecte
aucun homme.

Ce dernier sentiment paroît plus
probable : d'abord, lorsqu'il trace un
mot comme on le prononce ; lorsque
surchargé de sa matiere, il enjambe sa

profe & fes rimes , comme on le peut faire dans certaine verſification ; lorſque ne trouvant pas les mots propres , il en forge que lui ſeul entend , & enfin à ſon avantage , lorſqu'il s'écoute , il eſt moins incorrect , & va même juſqu'à ſe faire remarquer.

Son *Etteilla* ou *la maniere de tirer les Cartes Françoiſes* , troiſieme édition , 3 livres , & le *Jeu de Cartes* 1 livre 10 ſols , eſt précédé d'un compte rendu à lui-même ſur la certitude de la Cartonomancie ; c'eſt un ouvrage coupé , haché , recouſu , plein de lacunes , enfin martyriſé , & où le bien s'y découvre , comme la vertu des grands hommes dans les revers.

L'Indicateur du chemin de la fortune, ou la combinaiſon ſcientifique-cabaliſtique ſur la Loterie Royale de France , prix 24 ſols , eſt aſſez connu. Voyez *les Sept Nuances.*

Son *Homme à Projet* , 1783 , eſt paſſable : il y a des penſées dont *Jean-Jacques* n'auroit pas rougi.

« L'Homme (*le Peintre*) occupoit
» la droite ; il étoit vêtu fimplement,
» & portoit un tableau repréfentant
» la Création Phyfique. . . . .
. . . .

« *L'Eternel étoit au faîte de la*
» *gloire ; mais il y étoit repréfenté par*
» *un point imperceptible qui renfermoit*
» *la gloire en lui* ».

Le grand Ouvrage de notre Auteur (*d*) dément à chaque cahier le
titre qu'il porte : c'eft le répertoire de
la fage magie de tous les anciens peuples, dont il exiftoit autrefois à *Sala-*
manque une Ecole, que l'Inquifition
s'empreffa d'anéantir.

(*d*) Maniere de fe récréer avec le
Jeu de Cartes nommées Tarots, *en dix*
cahiers, prix 7 livres 10 *fols, fe trouve,*
ainfi que fes autres Ouvrages, dans les
fonds de MM. Nyon, Durand, Meri-
got, & *chez* Segaut, *Libraire, quai de*
Gèvres, & *chez l'Auteur.*

Si cette Ecole étoit , suivant les *jettées d'Etteilla* , une profonde étude de la Nature, ou de savoir comment elle opere , pour l'imiter, rien n'est plus certain que cette Ville a dû perdre , & qu'elle gagneroit aujourd'hui l'impossible par les Etrangers qui iroient en foule des quatre parties du monde pour y étudier & y voir opérer des merveilles.

Pour parler de cet Ouvrage, orné de figures magiques & cabalistiques , il faudroit trop s'étendre ; je me borne donc à dire franchement , que né sans goût quelconque pour tout ce qui est des hautes Sciences , aimant naturellement la Physique , cet Ouvrage m'a amusé & m'amuse encore d'une maniere pittoresque.

Ce n'est pas seulement parce que j'y reconnois ma Cour & ma Ville, (je suis Maroquin , c'est-à-dire né & élevé à Maroc,) mais parce qu'en étudiant par héorie & par pratique , comme l'Auteur nous y engage, & même nous

y force par la route qu'il tient, j'opere
des choses qui étonnent mes amis, mais
non *Etteilla*, qui appelle cela les Jou-
jous de la Cabale, comme la Physique,
dit il, a les siens. Résumons.

Tout Rigoriste que je suis, je dis
que la curiosité de savoir son sort à venir ne me paroît criminelle qu'autant
qu'elle est vicieuse, soit par la maniere
de considérer la Science, ou dans les
procédés de l'Opérateur.

Si un Consultant pense réellement
que l'on devine son sort, soit par une
inspiration divine ou par sorcellerie, je
le crois également coupable, parce que,
dans le premier cas, c'est exiger des
graces surnaturelles; & dans le second,
c'est être dans l'intention d'avoir re-
cours aux forciers.

Quant à l'Opérateur, il est de même
aussi criminel, si au sçû ou à l'insçû de
son Consultant, il tranche de l'inspiré
ou du démonographiste. Or, *comme il
est démontré qu'*Etteilla *ne cherche à pénétrer dans les trois tems de la vie que*

*par une Philofophie auffi fimple que na-
turelle*, ce feroit encore, je le répete,
un mal à plaifir, de lui prêter d'autres
fentimens ; & ce n'eft pas l'efprit d'un
Rigorifte.

La curiofité de fçavoir ce qui arrive-
ra, *regardée comme une fage prévoyan-
ce, eft louable, puifque c'eft un fentimens naturel & de toute ame honnête de
prévenir les revers de la vie, qui peuvent
s'étendre fur lui & fur fes femblables.*

Que le Philofophe-Devin de notre
fiecle, ou, comme il fe nomme lui-
même, le *Médecin des efprits*, prenne
par an 24 ou 50 livres, au choix des
Confultans, pour les prévenir & les con-
feiller dans toutes les caufes épineufes
qui fe fuccédent, on n'y voit pas plus
de contrariété, que de demander l'avis
d'un célèbre Avocat dans une Caufe
particuliere ; à la différence, qu'il faut
qu'*Etteilla* devine les caufes paffées,
préfentes & à venir, & les appuie en-
fuite de fages confeils.

Etteilla, dira-t'on, n'eft pas recon-

(15)

nu aussi Avocat que Devin : ce sentiment variera, si on lit attentivement
ses Ouvrages, je ne dis pas pour juger
d'un procès, mais pour suivre l'enchaî-
nement des anneaux de la vie humaine ;
vertu qui, sans contredit, ne le cede
pas à l'autre : il faut être généralement
juste.

Que l'on ne m'accuse pas de partiali-
té, j'en suis incapable ; le bien général
l'emportera toujours chez moi sur le
bien particulier d'un être dont je ne suis
le compatriote & l'ami, qu'autant que
je me regarde comme habitant de la
terre & ami de tous les hommes.

Si on ne considere pas qu'un homme
né François, & de la Capitale, où un
invincible penchant l'a toujours attiré,
ait assez de talent & assez d'amour pour
ses compatriotes pour leur procurer un
bien, on est au moins forcé d'avouer
qu'il a procuré à toute l'Europe depuis
1757 un amusement dont les vues gé-
nérales & les détails offerts dans la vérité, pourroient le rendre orgueilleux,

comme auſſi lui faire naître des jaloux
dans la claſſe des foibles génies : l'on
n'avoit pas d'amuſemens ſolitaire, l'on
n'en eſpéroit pas de plus ingénieux.

Puiſons dans les Ouvrages de l'Auteur même (qui n'ont en vue que de
nous être utiles en nous récréant) quel-
ques-uns de ſes ſentimens ſcientifiques,
& ce qui, je crois, doit le plus mériter
l'attention des Curieux des talens qui
lui ſont comme avoués.

On lit, page 38 de ſon dernier Ouvrage ayant pour titre *les ſept Nuances
de l'Œuvre Philoſophique-Hermétique :*

☞ *Lorſqu'on veut m'écrire ou me
parler de vive voix Hautes Sciences,
il me faut pour le temps que je dois
donner à répondre, ... 3 liv.*

*Si on veut avoir des leçons de ſage
Magie-Pratique, notez qu'il n'eſt pas
queſtion de jouer des gobelets, parce
que ce n'eſt pas mon métier, mais bien
de ſcruter la Nature dans ſon intelligence, ... 3 liv.*

(17)

Pour l'Horoscope, ... *50 liv.*

Pour tirer les Cartes, ... *24 liv.*

Pour me consulter après l'Horoscope ou après avoir tiré les Cartes, . . *3 liv.*

Pour me donner à résoudre quelques questions sans m'avoir fait primitivement travailler, ... *6 liv.*

Pour avoir le nom de son Génie, sa nature, ses qualités, sa puissance relative à la vie de l'homme ; de quel élément il est, quelle Région il est obligé de soigner, &c. . . . . *12 liv.*

Pour expliquer un Songe, . . *6 liv.*

Pour faire faire son Talisman, & avoir en écrit ses propriétés, ainsi que son génie, &c. depuis huit jusqu'à dix louis, suivant les propriétés qu'on lui veut, & les difficultés du travail.

Pour être le Médecin d'esprit d'une personne, c'est-à-dire, sans remède moral ni physique, le conduire à un plein repos, ou, ce qui est le même, être son Devin perpétuel, par mois, ... *30 liv.*

En 1772, la *Lettre sur l'Oracle*
annonce combien la réputation d'*Etteil-*
la étoit déja faite ; & ce qui vient encore à l'appui, est le paralelle qu'on fait
de lui dans un petit Ouvrage qui a pour
titre *la Comète, Conte en l'air*, où
l'Auteur dit : *La Chine se partage entre*
ces deux Inspirés.

Son *Zodiaque Mystérieux*, ouvrage
dont la clef politique n'est connue que
d'un très-petit nombre de personnes, est
aussi rare à trouver aujourd'hui qu'inté-
ressant à la lecture, sous les deux points
de vue où il doit être considéré.

Sa *Philosophie des Hautes Sciences*
annonce son érudition & ses lectures
dans des ouvrages abstraits, & est en
même temps une preuve de son génie,
parce que rien n'y sent ces foibles tra-
ductions ou ces viles copies qui font
dépriser les originaux dans l'esprit de
ceux qui n'ont pas lu ceux-ci.

Si cet Ouvrage sent l'homme instruit,
ces quatre volumes ayant pour titre *la*
manière de se récréer avec le Jeu de Car-

tes nommées Tarots, ne le fentent pas moins.

Perfonne dans les Modernes n'a parlé avec plus de vraifemblance des hautes Sciences ; c'eft par une étude profonde de la Nature qu'on peut y parvenir ; & fi on n'y parvient pas, on aura toujours beaucoup gagné d'avoir appris tout ce qu'on n'auroit jamais fçu des Sciences qu'il *honore* du titre de Sciences vulgaires. Voyons fes axiômes, ainfi que fes erreurs, à commencer par celles-ci :

» Tous corps font colorés.

» Le blanc ou la vraie couleur blan-
» che ne peut exifter dans notre univers.

» Entre les Sciences Morales & les
» Sciences Phyfiques, il en eft d'intellec-
» tuelles, tenantes de l'une & de l'autre.

» S'il n'y a pas une Science humaine
» de deviner, les hommes ne peuvent
» pas plus fe garantir d'un précipice voi-
» lé, que les animaux.

» L'ame & le corps font fujets à des
» infirmités , & l'efprit encore plus que
» ces deux-ci ; donc c'eft à tort qu'il n'y

» a pas de Médecins des esprits.

» Si on solde les Médecins des ames
» & les Médecins des corps, c'est une
» ignorance d'avoir cessé de tenir à ap-
» pointemens des Médecins d'esprit.

» Aucun homme ne peut se dire Mé-
» decin de l'esprit, qu'il ne soit effecti-
» vement Devin.

» Lorsque vous honorez un homme
» du titre de *Philosophe*, s'il n'a pas
» en sa vie pratiqué les *Hautes Sciences*,
» mettez après *Philosophe* une épithète
» qui fasse distinguer pourquoi vous lui
» donnez cette qualité.

» *René Descartes* fut un heureux
» copiste, comme une infinité d'autres,
» & tout-à-la fois un Génie supérieur ;
» mais c'est à tort que vous le nommez
» *Philosophe*, si vous n'ajoutez l'*ingé-*
» *nieux*, ou le *sublime*, ou l'*atomiste*, &c.

» *Pythagore* fut le *premier Philoso-*
» *phe* : outre ses vertus morales, il étoit
» Magicien, *Magus*, *Magi*, *Mage*,
» adonné & livré tout entier aux hautes
» Sciences ; c'est pourquoi, ainsi que

» d'*Apollonius* le Thianéen , & autres ,
» on ne doit pas ajouter aucune épithète
» à leurs furnoms de *Philofophes*.

» *On ne manque pas, parce que l'on*
» *ne croit pas aux hautes fciences, dans*
» *l'ordre où on les voit ; mais on péche*
» *par ignorance en les voyant autres que*
» *ce qu'elles font.*

» Si les Anciens avoient moins d'art
» que nous , ce dont il faut convenir,
» on eft d'un autre côté forcé d'avouer
» qu'ils avoient plus de fcience ; ou il
» faut protefter contre l'écriture facrée
» & profane , contre la tradition orale ,
» & enfin plus fenfiblement pour ceux qui
» doutent, contre nos lumieres actuelles.

» Un affez grand nombre d'hommes
» penfent naturellement que les hautes
» Sciences font véritables malgré, difons-
» nous , qu'ils n'entrevoyent que par le
» rapport de toutes les Sciences, les unes
» plus fublimes que les autres, la poffibi-
» lité qu'il en foit encore de plus élevées.

» Comme Profeffeur public, je dois
» plus que des probabilités ; j'offre des

» preuves de la divination ; j'en donne
» tous les jours depuis trente ans, en
» raison de la science que j'ai acquise :
» ces preuves avouées de la Société, ne
» doivent-elles pas au moins faire suf-
» pendre le jugement de ceux qui trop
» à la hâte protestent contre la poſſibi-
» lité des hautes Sciences ?

» La *Cartonomancie* eſt l'Art de tirer
» les Cartes : *ſi on les tire ſans principes,*
» ou que poſſédant machinalement les
» principes palpables de cet Art, on né-
» glige de le pénétrer de ſon intelligen-
» ce, c'eſt-à-dire qu'on ne ſçache pas
» animer ces principes, on reſſemble à
» ces ignorans qui charbonnent ſur les
» murailles des portraits hideux, &
» preſque toujours inſemblables à la
» Nature.

» Avant que de ſe perſuader qu'il
» faut que les autres ayent un eſprit foi-
» ble pour croire aux *hautes Sciences,* il
» faut ſe rendre raiſon, *ſi on pourroit*
» *démontrer qu'il eſt impoſſible qu'elles*
» *ſoient véritables.*

(23)

» Toutes les fois que vous suppofe-
» rez qu'un homme qui se dit devin,
» doit être infpiré par le Ciel ou pouffé
» par les démons, ne me mettez point
» dans ces deux claffes : la premiere
» paroît pour **moi** trop é'evée, & la
» féconde ne va pas à mes principes.

» Vous voudrez donc bien doréna-
» vant me regarder comme un homme
» *qui pèfe le tems, les lieux, l'âge, l'etat,*
» *la fortune, les foc;étés, les paffions,*
» *l'intelligence*, &c. &c. de mes Con-
» fultans, & à qui un trait impercepti-
» ble à d'autres, eft pour moi un appui
» qui me fert à marcher.

» Avant de prononcer, notez bien
» que le filence & la non-connoiffance
» de mes Confultans eft pour moi le
» plus folide rapporteur, parce que je
» confulte la fcience, & non l'homme.

» Voulez-vous être inftruit à fond
» de ma maniere de voir & d'opérer ?
» achetez mes Ouvrages, & lifez-les ;
» fur-tout mes dix derniers Cahiers, 900
» pages, avec figures, 7 liv. 10 f.

Pour remerciement au Rigoriste.

1745. 25 Av.   71   ♂ dans la 11me.

L. J.   46. 71. 24.

    27.   *a.* 78:84   *b.*   56. 77.

   Bleu.   78384   21.

       46.   73384   24.

a. 3266.   1104.   *b.* 1704.

78384.   (21.   (56.   (77.

Employez ces trois Diviseurs, il restera
pour le Rigoriste

12.   40.   75.

Le nom du Génie 21me est MEBAHEL.

Le Jeu de Cartes nommées *Tarots* (sur
lequel on trouve millier d'Opérations Géométriques, Numériques, Algébriques &
Cabalistiques) reconnu aujourd'hui pour le
véritable & l'unique Livre qui nous soit par-
venu entier des premiers Egyptiens, ne se
fabriquant pas & n'étant point d'usage à
Paris, se trouve tout corrigé & propre à
jouer ou à l'Art de tirer les Cartes, (3 liv.
12 f.) chez M. FITFILLA, Professeur d'Algèbre, rue de l'Oseille au Marais, attenant
celle de Saint-Louis, N°. 48.